De la Nécessité du Réveil

DE

L'ANCIENNE NOBLESSE

DE FRANCE.

PRIX : 1 FR. 50 C.

Paris,

DELAUNAY, LIBRAIRE, PALAIS-ROYAL.

1828.

De la nécessité du Réveil

DE

L'ANCIENNE NOBLESSE

DE FRANCE.

La noblesse est un des corps les plus essentiels de la monarchie; elle en a formé les bases depuis quatorze siècles.

Son importance et ses services ont paru si utiles au prince qui a régénéré nos institutions en 1814, qu'il a voulu la préserver de toute absorption, en lui assurant une existence constitutionnelle par l'article 71 de la loi suprême.

La noblesse peut donc germer et s'étendre sous la monarchie nouvelle, comme elle l'a fait avec gloire et illustration sous la monarchie ancienne. Riche de ses anciens souvenirs et de ses anciens services, elle pourra réclamer une priorité sur

1

la noblesse nouvelle, et sur les grandes notabi-
lités du jour, attendu qu'il est de principe éter-
nel, que ceux qui ont bien fait les *premiers*, et
qui ont fourni les *bons exemples* aux autres,
soient constamment les plus honorés.

Mais, pour conserver *ces chevrons d'honneur
et d'ancienneté*, qu'elle a acquis au prix de son
sang, et auxquels les nobles nouveaux devront
respect et déférence, il faut que la noblesse ancienne, à l'instar des autres classes de la nation,
rencontre des publicistes et des écrivains qui lui
consacrent spécialement leurs travaux, et lui fa-
cilitent, non seulement les moyens de publier
tout ce qui pourra l'intéresser, mais encore de
faire valoir des services et des souvenirs qu'il lui
importe de ne pas laisser plus long-temps dans le
néant.

Ce n'est pas avec des *généalogies*, dont le fond
est souvent très-incertain, et dont *le système est
tout à fait usé*, que la noblesse ancienne doit
se présenter dans l'arène qui lui est ouverte par
la Charte constitutionnelle concurremment avec
la noblesse nouvelle; celle-ci ne considérant la
naissance que comme l'effet du hasard, ne montre
que des services qui attestent sa valeur et sa capacité, et qui la font beaucoup mieux comprendre
du peuple, que ne le feraienttous les blasons,
tous les écussons exhumés de la nuit des temps.
L'ancienne noblesse, pour obtenir les mêmes

avantages, doit absolument parler le même langage, et ne montrer que des services, que des actions d'éclat, qu'un dévouement sans borne pour le prince et pour le pays ; de cette manière, elle sera tout aussi bien comprise du peuple, qui n'hésitera même pas à lui décerner la palme de priorité, par la raison que ses services seront plus anciens et auront même été plus multipliés.

L'ancienne noblesse doit donc paraître aux yeux de la nation avec la dignité qui lui convient, c'est-à-dire, comme formant un corps d'autant plus essentiel, d'autant plus respectable, que l'acte fondamental consacre sa conservation, et l'offre comme l'asile de récompense et d'honneur, à ceux qui par l'éminence de leurs services, auront bien mérité du prince et de la patrie.

Et si, depuis la restauration, l'ancienne noblesse semble être ignorée ou absorbée, c'est à son *silence inexplicable* qu'elle doit s'en prendre ; car la noblesse nouvelle a tout fait au contraire pour montrer ses services et faire parler de son existence légale ; les biographies, les histoires nationales, les relations des campagnes depuis 1792, tout a été mis en œuvre par les cent trompettes de la renommée, pour proclamer les faits d'armes, les traits de valeur et de bravoure des nouveaux preux, tandis que les anciens ont paru frappés d'une telle stupeur, que leur sommeil a fini par faire croire au peuple que l'ancienne noblesse

n'existait plus, ou était tombée dans une telle décrépitude, que le corps social n'avait plus rien à
en espérer.

Il est donc urgent, dans un moment où chaque
classe de la nation réclame avec ferveur les droits
qui lui sont concédés par la Charte constitutionnelle, que *l'ancienne noblesse*, qui y est nomina-
tivement reconnue, apparaisse également sur la
scène avec les autres corps vivans de l'État, et
qu'elle emploie la *publicité*, qui est tant usitée
par ceux-ci, pour signaler et ses services rendus,
et ceux qu'elle est encore susceptible de rendre.

Dans les monarchies constitutionnelles, ceux qui
aspirent aux charges publiques, soit dans la lé-
gislature, soit dans le civil ou le militaire, ont
pour habitude de se recommander à une espèce
de *clientelle* qu'ils se forment par la *publicité;* cette
clientelle les porte naturellement ou à la chambre
législative, ou les désigne au gouvernement
comme choisis et approuvés par l'opinion publique. C'est de cette manière qu'ils arrivent aux
emplois ; mais ceux qui, par quelque motif que
ce soit, restent muets et sans action, quels que
soient leurs talens et leur capacité, n'obtiennent,
non-seulement aucune fonction publique , mais
passent encore pour des hommes sans énergie,
sans moyens, et par conséquent inutiles au service de l'État.

L'ancienne noblesse ne doit pas être frappée

d'une telle réprobation, *et cent mille familles* répandues sur la surface de la France, qui ont pour elles les services les plus éminens, rendus pendant une série de siècles, soit à la guerre, soit dans la magistrature, soit dans les conseils de nos rois ou dans l'administration publique, peuvent certainement bien entrer en ligne avec les familles nouvelles, et avoir l'amour-propre de croire qu'elles pourront être accueillies de même par l'opinion publique, et appréciées par des citoyens dont l'universalité se fait toujours un devoir d'être juste.

L'existence d'une noblesse est d'ailleurs nécessaire, indispensable dans toute monarchie qui prétend à une longue durée, et surtout chez un peuple dont l'honneur et la gloire sont le plus puissant véhicule; tout citoyen qui a de la bravoure, de la science ou un mérite dominant quelconque, aspire toujours à sortir de la foule commune, et à obtenir une attention plus particulière des gouvernemens, dont le devoir est de décerner les récompenses méritées par des services rendus; cette noble émulation est même inculquée, chez tous les peuples civilisés, aux jeunes gens qui font leur éducation, et qui, après avoir obtenu dans leurs études les marques honorables et distinctives du savoir et de la bonne conduite, portent dans la société ces mêmes dispositions au bien, afin de continuer à être distraits du vulgaire, et à recevoir les témoignages de la vénération et du respect qu'ils ont su attirer. Voilà le salutaire effet des bonnes et grandes institutions.

Ces vérités furent senties par les philosophes modernes dont s'honora le siècle dernier. Le président Montesquieu, auteur immortel de l'*Esprit des lois*, et les célèbres rédacteurs de *l'Encyclopédie*, n'ont cessé de les proclamer en burinant les axiomes suivans :

« On peut, avec le chancelier Bâcon, considé-
» rer la *noblesse* de deux manières, ou comme
» faisant partie d'un État, ou comme faisant une
» condition de particuliers;

» Comme partie d'un État, toute *monarchie* où
» il n'y a point de *noblesse* est une pure tyrannie;
» la noblesse *entre* en quelque façon dans l'es-
» sence de la monarchie, dont la maxime fonda-
» mentale est : *Point de* noblesse, *point de mo-*
» *narque.*

» La *noblesse* tempère la souveraineté, et, par
» sa propre splendeur, accoutume les yeux du
» peuple à fixer et à soutenir l'éclat de la royauté
» sans en être effrayé.

» Une *noblesse* grande et puissante augmente
» la *splendeur* d'un prince.

» Dans un État monarchique, le pouvoir inter-
» médiaire, subordonné le plus naturel, est celui
» de la *noblesse*; abolissez ses *prérogatives*, vous

» aurez bientôt *un état populaire* ou bien un état
» *despotique.*

» L'HONNEUR GOUVERNE *la noblesse*, en pres-
» crivant l'obéissance aux volontés du prince;
» mais cet honneur lui dicte en même temps que
» le prince ne doit jamais lui commander une
» action déshonorante. Il n'y a rien que l'honneur
» prescrive plus à la noblesse que de servir le
» prince à la guerre ; c'est la profession distinguée
» qui convient aux nobles, parce que ses hasards,
» ses succès, ses malheurs même, conduisent à
» la grandeur.

» IL FAUT que dans une monarchie, les *lois* tra-
» vaillent à SOUTENIR LA NOBLESSE et à la rendre
» héréditaire, non pas pour être le terme entre
» le pouvoir du prince et la faiblesse du peuple,
» mais pour être le *lien* de tous les deux.

» A l'égard de la *noblesse* dans les particuliers,
» on a une espèce de respect pour un vieux châ-
» teau ou pour un bâtiment qui a résisté au temps,
» ou même pour un bel et grand arbre qui est
» frais et entier malgré sa vieillesse, COMBIEN EN
» DOIT-ON PLUS AVOIR pour une *noble* et *ancienne*
» *famille* qui s'est maintenue malgré les orages
» des temps !

» Les rois qui veulent choisir dans leur *no-*
» *blesse* des gens prudens et capables, trouvent,
» en les employant, *beaucoup d'avantages et de*
» *facilité :* le peuple se plie naturellement sous eux

» comme sous des gens qui sont *nés pour com-*
» *mander.* »

Il est impossible de rendre un plus bel hommage à la noblesse, et de prouver avec plus d'ef-
ficacité la nécessité de son institution et de sa
conservation !

Cet hommage est d'autant mieux mérité, que
chacun des membres de ce corps illustre, payait,
non-seulement, la dette de l'État comme militaire, magistrat et administrateur, mais encore
comme homme privé, en déversant sur la popu-
lation indigente, et sur les arts et les sciences,
des bienfaits qui secouraient les uns et encoura-
geaient les autres ; combien d'hospices fondés, de
colléges établis, de monumens élevés par les soins
généreux de la noblesse !... Dans toutes nos localités, dans toutes nos villes, bourgs et villages,
on rencontrait des témoignages éclatans de la phi-
lantropie de ce corps illustre ; le *château* était
toujours l'asile du pauvre, et la *dame du lieu*,
convertissait souvent ses prérogatives d'honneur
et d'éclat, en service de *dame de charité*, en se
transportant dans les greniers et dans les chau-
mières, pour porter des secours à l'indigence.

Il ne faut donc pas s'étonner si nos rois ont
pensé que, pour la consolidation de leur gouvernement, pour l'honneur de leur couronne, et
souvent pour le salut de la nation, l'institution
de la noblesse était de nécessité première, dans

une monarchie bien organisée ; et qu'ils aient pro-clamé plusieurs fois, et notamment Henri III, dans son édit de 1579 :

« Que la principale force de la couronne *con-sistait* dans la *noblesse*, dont la diminution ne cause que *l'affaiblissement de l'État*. »

Ce principe était vrai, et la prédiction ne s'est que trop réalisée ; car l'anéantissement de la no-blesse, en 1791, fut le signal de la chute du trône et de l'asservissement de la nation à des lois fa-tales, qu'il n'entre pas dans mon sujet de déduire et de caractériser ; mais pour amener l'anéantis-sement de cette noblesse, ceux qui préparèrent la révolution, oublièrent jusqu'aux préceptes établis par les philosophes, dont ils se disaient les plus fervens sectaires, et répandirent parmi le peuple, que ce corps était suranné, qu'il était tombé en *décrépitude*, et que son existence désor-mais devenait à charge à la nation.

Ce système était fondé sur l'erreur ou sur la calomnie, qui est toujours disposée à détériorer tout ce qu'elle veut détruire et sacrifier.

Car enfin, de quelle époque pourrait-on dater la *décrépitude* ou l'absorption politique ou militaire de la noblesse en France ? On ne remontera cer-tainement pas au-delà du siècle de Louis XIV : l'histoire est là, et nous montre des périodes de gloire et d'illustration trop avérées, pour que les accusateurs y rencontrent les motifs de leur assertion. Ils ne choisiront pas non plus le règne de cet immortel monarque, où la *maison militaire du Roi*, toute composée de la noblesse française, décida du sort de tous les siéges et de toutes les batailles de cette époque. Oubliera-t-on jamais l'intrépidité et le courage du maréchal de Villars, qui, avant d'attaquer l'ennemi à *Denain*, (24 juillet 1712) dit *aux gentilshommes* qui étaient autour de lui : « *Messieurs, les ennemis sont plus forts que nous ; ils sont mieux retranchés ; mais nous sommes Français,* IL Y VA DE L'HONNEUR DE LA NATION : *il faut aujourd'hui vaincre ou mourir, et je vais moi-même vous en donner l'exemple.* » Après avoir ainsi parlé, il se mit à la tête des troupes qui, excitées par son exemple, firent des prodiges de valeur, et culbutèrent l'armée des alliés, commandée par le prince Eugène de Savoie. Villars sut vaincre et profiter de sa victoire. Il emporta avec la plus grande célérité, Marchiennes, le fort de Scarpe ; Douai, le Quesnoi et Bouchain. Ses succès hâtèrent la paix, qui fut conclue à Rastadt, le 6 mai 1714. Oseront-ils nous placer sous le règne de Louis xv? mais nos fastes militaires les repousseront avec indignation, en nous plaçant sur les terrains de *Fontenoy*, de *Rocoux*, de *Lawfeld*, en 1745, 1746 et 1747 ; là, la *noblesse française* fit envie à toutes les noblesses de l'Europe, en décidant des victoires vaillamment disputées, et en recevant des palmes que la vérité de l'histoire et la justice des contemporains ne pouvaient lui refuser.

Sans quitter la même époque, nous arrivons à la bataille d'*Hastembeck* (1757), gagnée par le maréchal d'Estrées sur le duc de Cumberland, qui fut forcé, par sa défaite, d'abandonner aux Français l'électorat d'Hanovre et tous les États de la maison de Brunswick. Là, le brave *Chevert*, commandant une division de l'armée française, dit brusquement au marquis de *Brehant*: « Jurez-» moi, *foi de chevalier*, jurez-moi *que vous et* » *votre régiment vous vous ferez tuer jusqu'au* » *dernier, plutôt que de reculer* ». Le serment fut fait et tenu; on ne recula pas, et la victoire fut décidée pour la France. Ainsi donc, en 1757, un colonel jure encore *sa foi de chevalier* de se faire tuer, lui et tout son régiment, plutôt que de céder un pas à l'ennemi. Il n'y a pas un siècle d'un fait aussi glorieux, et l'on voudrait nous parler de décrépitude !....

Nous reportera-t-on à cette guerre maritime où les escadres françaises, sous les ordres de M. de *la Galissonière*, mirent dans le désordre le plus effrayant les vaisseaux anglais, et forcèrent leur amiral, *Bing*, à se réfugier dans sa patrie, où il paya de sa tête le malheur de sa défaite? Ils ne parleront pas non plus d'une autre victoire maritime, remportée au *Canada*, en 1758, par le marquis de Montcalm, sur le général anglais

Abercrombi, qui fait un honneur infini à la *marine française*, et qui n'avait cependant que des *officiers nobles* à sa tête? Enfin, ils céleront de même le gain des batailles de *Cassel* et de *Johannisberg*, par nos armées sous les ordres des maréchaux d'Estrées et de Soubise et du prince de Condé, batailles qui amenèrent la paix de 1763.

Nous voici maintenant arrivés au règne de Louis XVI, et à la guerre que causa avec l'Angleterre la reconnaissance faite par la France des États-Unis de l'Amérique, en 1778. Les succès brillans de notre marine, toujours commandée par des officiers pris *dans le sein de la noblesse*, entre autres par MM. de *Bouillé*, de *Kersaint*, d'*Orvilliers*, de *Vaudreuil*, du *Chaffaut*, d'*Estaing*, de *Grasse*, de la *Motte-Piquet*, de *Guichen*, de la *Touche-Tréville*, de *Rochambeau* et de *Suffren*, forcèrent les Anglais à signer le traité de 1783, par lequel ils reconnurent, à l'instar de la France, cette même indépendance de l'Amérique.

Or, jusques à une époque tout-à-fait rapprochée de nous, il n'y a ni *vieillesse*, ni *décrépitude*, dans *l'ordre de la noblesse*; c'est au contraire cet ordre qui, dans les armées de terre et de mer, toutes commandées par des généraux et officiers *nobles*, soutint l'honneur et la gloire de la nation française!...

De 1783 à 1789 et 1793, nous entrons dans la

période fatale de notre révolution, et là, il convient encore d'examiner si la noblesse n'a pas tenté les efforts les plus généreux pour en arrêter le cours, c'est-à-dire pour sauver le monarque et la monarchie ?

Le désastre de nos finances faisait présager depuis long-temps quelque grande catastrophe pour l'État, et la voix patriotique d'hommes estimables, mus par l'amour du bien public, réclamait l'intervention du riche, dans les impôts que payait le pauvre ; la *noblesse* ne fut point insensible au malheur de ses compatriotes, et elle annonça, dès ce moment, l'intention de partager le fardeau du peuple ; nous en avons pour preuve ce célèbre arrêt du parlement de Paris, du 5 décembre 1788, les *pairs y séant*, dans lequel le roi fut supplié de supprimer *tous impôts distinctifs des ordres*, d'établir *l'égalité des charges*, d'imposer la *responsabilité des ministres*, de proclamer la *liberté individuelle des citoyens* et la liberté légitime de la presse.

Cet arrêt du parlement, assisté des pairs du royaume, se trouve encore corroboré par l'*arrêté des ducs et pairs de France, assemblés au Louvre* le 20 du même mois, signé par trente-deux d'entre eux, et présenté au roi, lequel était en ces termes : « Sire, les pairs de votre royaume s'empressent de donner à votre majesté et à la nation, des preuves de leur zèle pour la prospé-

» rité de l'État et de leur désir de *cimenter l'union*
» entre tous les ordres, en suppliant VOTRE MA-
» JESTÉ de recevoir le vœu solennel qu'ils portent
» aux pieds du trône, *de supporter tous les im-*
» *pôts et charges publiques dans la juste propor-*
» *tion de leur fortune, sans exemption pécu-*
» *niaire quelconque;* ils ne doutent pas que ces
» sentimens ne fussent *unanimement* exprimés
» par *tous les autres gentilshommes* de votre
» royaume, s'ils se trouvaient réunis pour en dé-
» poser l'hommage dans le sein de VOTRE MAJESTÉ. »

Quoi ! les pairs du royaume, généreux inter-
prètes de la *noblesse*, expriment leur vif désir de
cimenter l'*union* entre tous les ordres, de supporter *tous les impôts et charges publiques*, dans
la juste proportion de leur fortune, *sans excep-*
tion pécuniaire quelconque; ils ne doutent pas
que ce sentiment ne soit *unanimement* exprimé
par *tous les gentilshommes du royaume;* et voilà
les hommes que l'on voudrait nous représenter
comme dépourvus de sentimens patriotiques !...

Mais ne bornons pas là l'examen de la conduite
philantropique de la noblesse, et ouvrons les
cahiers de doléance présentés par chaque bailliage
de France aux États-Généraux de 1789 : ce sont
les actes les plus sacramentels, les plus avérés et
les plus authentiques du temps; nous y trouve-
rons les mêmes sentimens, le même amour du
bien public, et surtout l'expression bien prononcée

de subvenir au soulagement du peuple, par l'intervention de l'égale répartition de l'impôt; à ces actes patens des sentimens de la noblesse, ajoutons ce qui s'est passé dans la séance des États-Généraux du 23 mai 1789; une députation de cet ordre se rendit à l'assemblée du *tiers* ou des *communes*, et y fit connaître sa résolution de *renoncer à tous ses priviléges* et de *supporter* AVEC ÉGALITÉ *les contributions et les charges générales*, CONFORMÉMENT, y est-il dit, A LA TRÈS-GRANDE MAJORITÉ DES CAHIERS, *rédigés dans les assemblées bailliagères de ses commettans.*

Or donc, la noblesse a manifesté, de la manière la plus solennelle, l'envie, le besoin de s'identifier avec le peuple, de supporter avec lui le fardeau des charges de l'État, et de coopérer à l'assiette du nouvel édifice social, avant que le peuple même ne le demandât, ne l'exigeât par une révolution.

Il eût été bien plus sage de mettre à profit d'aussi utiles dispositions, plutôt que d'opérer une commotion politique qui a entraîné dans son cours et le noble et le plébéien, et le catholique et le protestant, et le riche et le pauvre !

Mais enfin la révolution éclata; et dans des circonstances aussi douloureuses, que fit encore une grande portion de la *noblesse?* Elle se réunit dans la *Vendée*, y prit les armes, associa le peuple de ces contrées à son honneur et à son dévouement, et là, lorsque dans toutes les autres provinces du royaume l'hydre à cent têtes vomissait son venin fatal et destructeur, le nom et l'autorité du roi furent reconnus, consacrés et maintenus. La *Vendée fut la France*, et offrit un asile à la monarchie ; la noblesse prouva alors à l'Europe et à la nation que le *lien* qu'elle forme entre le prince et le peuple, selon la propre expression des philosophes encyclopédistes , n'était point rompu, et qu'elle avait, au contraire, les moyens de le resserrer avec plus de force et plus d'éclat. Effectivement, la fureur et le désespoir des passions politiques, aidés de nombreuses armées, ne purent jamais parvenir à briser l'œuvre de la *noblesse* et de la *fidélité ;* et la Vendée, sous *l'étendard royal,* demeura l'épouvante et l'effroi des fauteurs de la révolution, qui y rencontrèrent constamment *l'ancienne monarchie,* ses attributs, son pouvoir et sa force. Tant de dévouement de la part de cette province aurait dû lui mériter nécessairement d'être proclamée *le premier département de la France,* ou au moins d'être désignée sous le nom de *département de la fidélité ;* car ayant défendu le *prince* et le *sol,* les *hommes* et le *sol* de ce département ne pouvaient manquer d'être honorés.

On voit que je viens de parcourir avec la plus exacte vérité toutes les époques les plus sérieuses de notre histoire depuis près de trois siècles, et de toucher à notre propre période, sans avoir rien pu découvrir qui fît croire à la *décrépitude* de la noblesse, à l'inutilité de son existence, et même à l'incohérence de son institution avec nos institutions modernes ; tout ce que j'ai vu, lu, ressassé et médité, me porte au contraire à la considérer comme un des corps qui ont rendu les plus éclatans services au prince et à la nation, et qui peuvent encore désormais coopérer au bonheur et à la gloire de la France.

Une monarchie, même *constitutionnelle*, ne peut exister sans une *noblesse* ; car la noblesse n'est autre chose que la réunion, l'ensemble formé par ces hommes illustres qui se dévouent constamment à soutenir et à défendre les intérêts de la patrie, et l'honneur du prince ; à administrer la justice avec l'intégrité du sage, à pratiquer toutes les vertus qui consolident et honorent la société.

Or, dans quelque gouvernement du monde que ce soit, on rencontre toujours des *honneurs et des distinctions*, décernés à ceux qui, dans le service militaire ou l'administration publique, ont bien mérité de leur pays ; et, sous quelque dénomination qu'on les montre aux contemporains ou à la postérité, ils forment toujours la classe la plus élevée de leur nation, et par conséquent celle des *notables*, qui n'est autre chose qu'une *noblesse* ; car du moment où un citoyen, par quelque action d'éclat, a su sortir de la classe commune, et obtenir du prince ou de l'État une récompense ou des fonctions qui l'élèvent au-dessus de ceux qui étaient ses pairs, il devient *notable* ou *noble*, puisqu'il est parvenu à jouir d'une considération ou d'une distinction dont ne jouissent pas ceux de la masse générale.

Ces principes ont été reconnus par l'homme du siècle, qui a porté son extrême ambition à être à la fois *législateur* et *conquérant*. Il succédait à une république qui l'avait proclamé son fils aîné, et qu'il dévora comme un parricide dénaturé, pour fonder un empire qui menaçait de ses fers et de son orgueilleuse suzeraineté les autres empires du monde. Cet homme extraordinaire, qui a trouvé tant d'admirateurs dans ses contemporains, et qui en trouvera plus encore dans la postérité, parce qu'elle oubliera ses fautes, pour ne s'occuper que des grands événemens qu'il a fait naître, ne craignit pas de créer des *ducs*, des *comtes*, des *barons* et des *chevaliers*, à peu de distance de là que ces titres étaient le signal de la proscription et de la mort. Cependant, sa monarchie avait sa constitution; cette constitution était basée *sur les mœurs du jour* et d'après l'esprit du siècle, et il ne craignit pas de donner l'exemple de la nécessité d'une *noblesse* qu'il sut former à l'instar de celle de Clovis, c'est-à-dire en la choisissant parmi ses propres *compagnons*.

Il avait pensé qu'une *noblesse* était nécessaire dans un grand empire, pour former honorablement le cortége du prince, fournir à ses armées des capitaines expérimentés, et alimenter ses conseils et ses tribunaux d'hommes investis de l'hommage et de la confiance publics. Cette classe d'hommes est le premier besoin des nations et le plus solide appui des princes qui sont appelés à les gouverner.

Le mérite de ce système fut suivi par le prince régénérateur qui, avec la douceur de la paix, nous a ramené la légitimité, et donné une constitution dont les effets paternels sont sans cesse réclamés par toutes les classes des Français. Louis XVIII, dans sa Charte de réinstitution du gouvernement, a reconnu le besoin d'une *noblesse* dans l'État, et a voulu associer les anciens souvenirs aux souvenirs nouveaux. Il n'est donc plus permis, maintenant, de mettre en doute si l'existence d'une *noblesse* est utile, puisque la loi suprême la consacre, l'établit et la reconnaît.

L'art. 71 de cette loi, porte : « La noblesse ancienne *reprend* ses titres ; la nouvelle *conserve* » les siens ; le Roi *fait des nobles à volonté* ; mais » il ne leur accorde que des *rangs et des honneurs*, sans aucune exemption des charges et » des devoirs de la société ».

La sagesse commande de ne *vouloir* que ce que

veut la loi ; mais la prévision exige que la noblesse réclame avec force et ténacité l'exécution de la loi même, à son égard.

La noblesse est donc *constituée ;* elle agit même péremptoirement, décisivement, par la volonté de cette loi, qui lui ordonne de *reprendre* ses titres.

Le mot *reprendre* signifie bien ressaisir une propriété dont on était en possession, et la noblesse mise en action, par la loi même, doit se réintégrer, de son propre mouvement, dans ses titres.

Quels sont ces titres? Ceux de *ducs, marquis, comtes, vicomtes, barons, chevaliers, écuyers, nobles.*

Ils sont tous caractéristiques et désignent une classe élevée et supérieure ; il est même interdit par nos lois civiles, aux citoyens qui n'en sont point légitimement investis, de s'en décorer, sous des peines prononcées ; donc la *noblesse* forme un *corps constitué,* une des classes élevées et supérieures de la nation, à laquelle on ne peut s'adjoindre de sa propre volonté, mais bien par lettres du prince, et pour des services rendus à l'État, que le prince croit récompenser, en sortant un citoyen de la masse commune, pour l'élever au rang de noble.

L'indoléance ou la timidité que la noblesse apporterait à ne pas faire remplir, en ce qui la concerne, le vœu de la loi, lui préjudicierait à l'avenir ;

Et cela est si vrai, qu'on proclame déjà dans le monde et dans les cercles de la haute société, que la *seule noblesse consiste dans la Pairie*, et que *hors de là il n'y a plus de noblesse*.

C'est une erreur des plus graves qu'il importe singulièrement de détruire dans son germe.

La chambre des pairs est instituée par la Charte ; ses attributions y sont spécifiées depuis l'art. 24 jusqu'à l'art. 34. Et dans aucun de ces articles, on ne trouve qu'elle *remplace* ou *tient lieu* de la noblesse en France ;

Au contraire, l'art. 71, que j'ai cité plus haut, nomme, 1°. l'*ancienne noblesse* ; 2°. *la nouvelle noblesse* ; 3°. reconnaît au Roi le droit de *faire des nobles* ; 4°. celui de leur accorder des *rangs* et *honneurs* ;

Donc nous avons, en France, une chambre des pairs, plus, une *ancienne* et une *nouvelle noblesse*.

Et le Roi fait des *nobles à volonté*, comme il a le droit de faire des *pairs à volonté*.

Pourquoi s'écarter du sens positif de la loi, et vouloir que deux institutions bien distinctes n'en fassent qu'une ?

C'est attaquer la prérogative royale, d'une part, en enlevant au Roi le droit et le mérite de faire un *noble* comme il fait un *pair*, et de l'autre part, jeter un corps entier de la nation dans le néant, dont la Charte même, et son immortel auteur, ont voulu le sortir.

C'est enfin s'éloigner de la vérité et de la volonté de nos institutions modernes.

Il y a plus, aucun pair de France, sorti du sein de *l'ancienne noblesse*, ne voudrait, au prix de la pairie, réduire, et les branches collatérales de sa famille, et encore ses propres fils cadets, à l'état de nullité et d'anéantissement dans lequel l'opinion nouvelle prétendrait les engloutir.

La noblesse à existé depuis l'institution de la monarchie; elle existe encore de nos jours, et elle demeure dépositiare de grands souvenirs, qu'elle doit tenir à honneur de perpétuer; elle ne doit pas souffrir qu'on fasse à la génération présente de sa caste, l'injure de croire qu'elle prêterait elle-même les mains à couvrir du voile de l'oubli et de l'ingratitude, des faits et des services qui ont inspiré, et à la nation française, et à toutes les nations du monde, le plus grand respect et la plus universelle admiration : elle est comptable au temps présent et à la postérité de la conservation de ces souvenirs. Ils sont sa plus glorieuse propriété, et tous scellés du sang de ses ancêtres; c'est un devoir qu'il lui importe de remplir, pour que les reproches de nos neveux ne viennent pas accabler sa mémoire. Elle doit donc songer à maintenir et à conserver une *existence légale*, qu'elle tient et de nos anciennes institutions, et de nos institutions modernes.

Il lui suffira de faire entendre, d'une manière respectueuse, ses vœux au pied du trône, pour qu'ils soient exaucés : le Prince qui règne aujourd'hui sur la France, ne peut que les accueillir avec intérêt et bonté; il se rappellera, certainement, que c'est à sa propre voix que la noblesse de ce royaume, oubliant ses intérêts les plus chers, ses affections les plus douces, abandonna subitement sa patrie, pour voler dans des climats lointains, le consoler de ses malheurs, et lui sacrifier, pour les réparer, et son sang et sa fortune. Un tel dévouement, un sacrifice aussi pur, aussi entier, aussi exemplaire, ne peuvent être oubliés par le chef de l'auguste maison de Bourbon, dont les princes ont toujours manifesté les sentimens de la plus noble gratitude pour les services rendus et à leur personne, et à leur pays.

S. M. Charles x, a, d'ailleurs, consacré à jamais son estime particulière, son attachement sincère et inviolable pour la noblesse de France, dans les pages ineffaçables de notre histoire; qu'on porte les yeux sur le message qu'elle envoya, le 15 mai 1789, à l'assemblée de la noblesse des États-Généraux (comme frère du roi Louis xvi), et dans lequel, après avoir informé cette assemblée que les ordres du roi lui interdisaient d'y siéger, elle ajoute :

« Je donne à la chambre la *ferme* et *certaine*
» *assurance* que le sang de mon aïeul, Henri IV,
» a été transmis à mon cœur, dans toute sa pure-
» té ; et que, tant qu'il *m'en restera une goutte*
» *dans les veines*, je saurai prouver à l'univers
» entier que je *suis digne d'être né gentilhomme*
» *français.* »

C'est votre prince, gentilshommes français,
qui, à l'instar des plus grands rois de sa race,
se fait honneur d'avoir pris naissance dans la caste
illustre que vous formez !...,

Il a prononcé ces mots avant l'ouverture des
combats ; la victoire s'est décidée, chacun a fait
honorablement son devoir, et le prince ne rétrac-
tera pas sa parole au moment où il en recueille
les fruits. Il sait que ces fruits n'ont germé que
par l'effusion de votre sang, de celui de vos pères
et de vos fils ; et que s'il a retrouvé son trône et
sa patrie dans un éclat plus brillant qu'ils n'a-
vaient jamais été, il ne peut vous bannir ni de
son cœur, ni de sa présence ; ni vous refuser les
droits qui vous sont acquis à sa reconnaissance,
et qui sont établis par la loi fondamentale de
l'État !....

Sortez donc de cette léthargie fatale où la
somme de vos malheurs semble vous avoir jeté,
et placez - vous subitement au rang des corps
constitués et voulus par la Charte, au rang des
corps vivans qui, dans ce moment, témoignent

tant d'ardeur à réclamer l'exécution pleine et entière de chacun de ses articles.

Si, lors de l'affranchissement des communes, par Louis-le-Gros, la noblesse avait posé ses bannières, et qu'elle se fût crue anéantie, elle n'eût pas continué, pendant près de huit siècles, à rendre les services les plus essentiels à l'État, et à donner l'exemple à toutes les noblesses de l'Europe, d'un dévouement sans borne au soutien du prince et du pays.

La révolution a pu vous faire perdre des droits que la Charte vous impose encore de ne pas réclamer ; mais pour perdre sa fortune, on ne perd ni son honneur, ni les sentimens d'amour et de reconnaissance qu'on doit à ses ayeux, ni l'attachement inviolable et sacré qu'on doit porter à une institution à laquelle la monarchie est redevable de sa propre gloire, de son propre salut, depuis sa formation.

Si la monarchie s'est rétablie, si la noblesse a été reconnue, il faut donc que tous ceux qui sont partisans du système monarchique, et qui font partie du corps illustre de la noblesse, se mettent en action, et se présentent sur la scène politique, pour soutenir des droits acquis et constitués.

Montrez-vous au prince et à la patrie ; sollicitez une *ordonnance régulatrice* qui détermine *vos titres, vos rangs et vos honneurs*, et qui forme de vous la classe qui est entendue, voulue et désignée par la Charte elle-même ; car la loi suprême est méconnue à votre égard ; elle vous veut, elle vous a reconnu, et l'on ne vous retrouve nulle part. Parlez, on ne peut se dispenser de vous écouter, et de vous assigner ce qui vous est solennellement promis par l'acte fondamental de l'État ! Autrement, vous savez que toute cause abandonnée est considérée comme cause perdue.

L'anéantissement dans lequel vous et vos enfans êtes tombés, provient peut-être encore de l'ignorance des principes, des lois, des mœurs et des usages de l'ancienne caste à laquelle vous appartenez. La révolution a détruit tous les élémens historiques qui pouvaient vous les retracer, de sorte que rien ne se présente à vos yeux pour réveiller votre courage, et vous faire retrouver les lambeaux des bannières de vos ancêtres. Tout semble mort à vos côtés ; personne ne vous parle, personne ne vous inspire, personne ne vous soutient, *aucune publicité spéciale* ne vient à votre secours. Il est nécessaire, cependant, lorsqu'on appartient à une caste, d'en connaître l'historique, et de s'identifier avec les élemens de son institution et les causes de sa prospérité ; c'est de cette connaissance exacte que dérivent souvent des moyens de conservation et d'amélioration.

Il est nécessaire, en outre, que cette caste, à l'instar des autres corps ou classes de l'État, possède en propre des moyens de *publicité* susceptibles de la montrer aux yeux de la nation dans l'importance de ses services, dans l'effusion de ses sentimens pour le prince et pour le pays, et encore dans l'ensemble de sa force morale, d'où doit dériver, inévitablement, une force physique qui ne peut que devenir utile au prince et à la patrie.

Eh bien! messieurs, je pense, dans la circonstance présente, que rien ne serait plus convenable que de vous consacrer un ouvrage qui reproduirait à votre mémoire tout ce que le malheur des temps vous a forcé d'en laisser échapper, et qui servirait encore à replacer l'esprit de vos fils sur un terrain dont on a semblé les bannir depuis près de quarante ans.

L'instruction est aujourd'hui le premier des besoins; et pour savoir ce qu'on peut être, ce qu'on peut devenir, il est indispensable de savoir ce qu'on a été; les institutions nouvelles prennent, souvent, leur germe, leurs racines dans les institutions anciennes, et les peuples tournent toujours leur respect vers les monumens de l'antiquité. Mais comment rappellerez-vous à ces peuples tout ce que votre ancienne institution avait de glorieux, d'éclatant, d'illustre et de national, si vous l'ignorez vous-mêmes, et si vos fils l'ignorent encore plus?

Avant la révolution, il y avait une *infinité de catégories* dans la noblesse ; les unes très-utiles, très-essentielles à l'État ; les autres moins utiles et peut-être superflues ; ce sont de ces dernières précisément dont vos adversaires ne cessent de parler à la nation, pour lui faire oublier la nécessité d'une noblesse dans notre monarchie, et même éteindre jusqu'au nom de *noble* ; mais si toutes ces diverses *catégories* se trouvaient en parallèle, la nation apporterait trop de justice et de sagacité dans ses jugemens, pour ne pas décerner une préférence honorable à celles qui, par leurs services et leur dévouement au bien de l'État, fixeraient son attention.

Il me paraît donc indispensable de reproduire, aujourd'hui, un *traité de l'ancienne noblesse*, afin d'abord de fonder l'instruction de ceux de cette caste qui ont un intérêt direct à en connaître, et ensuite pour éclairer l'opinion des citoyens et celle des publicistes qui veulent s'en expliquer.

Cet ouvrage est tout disposé ; le manuscrit en est terminé ; il contient les chapitres suivans :

1°. De la noblesse chez les anciens ; de la noblesse chez les Gaulois et les Francs ; de la noblesse chevaleresque, féodale, ou de nom et d'armes ; de la noblesse militaire ; de la noblesse de magistrature (parlemens, chambres des comptes, cours des aides, etc.) ; de la noblesse des secrétaires du roi, grands-audienciers et trésoriers de France, des officiers des chancelleries près les cours souveraines et des chancelleries présidiales, etc. ; de la noblesse municipale, dite de cloche; de la noblesse inféodée et de francs-fiefs; de la noblesse de cléricature; des anoblissemens et des anoblis pour services rendus à l'État, ou moyennant finance; de l'affranchissement des communes et du titre de *bourgeois*, etc.; avec la citation des lois, édits, ordonnances et arrêts qui concernent chacune de ces catégories;

2°. Des dignités de pairs de France, des grands vassaux et des grands-officiers de la couronne et de la maison de nos rois;

3°. Des titres de ducs, marquis, comtes, vicomtes, barons, chevaliers-bannerets, chevaliers-héréditaires, chevaliers-ès-lois, vidames, châtelains, vavasseurs, etc., etc.;

4°. Des usurpateurs des titres et de la qualité de noble, et des peines et amendes par eux encourues;

5°. De l'état de l'ancienne chevalerie et des tournois;

6°. De la législation, jurisprudence, droits, priviléges, honneurs et prérogatives de l'ancienne noblesse;

7°. *Les articles historiques de chaque famille noble*, c'est-à-dire, l'exposé véridique des services que ces familles ont rendus à l'État, dans les divers grades ou fonctions qu'elles ont remplies, soit à l'armée, soit dans les dignités ecclésiastiques, ou dans les charges de magistrature ou d'administration publique, sous l'ancienne monarchie;

8°. Les faits, actions d'éclat, traits de dévouement et de générosité qui auront eu lieu dans le cours de l'année, par des gentilshommes, dans l'exercice de leurs fonctions, soit dans le civil, soit dans le militaire (ou dans la vie privée);

9°. Les nominations aux emplois civils et militaires, en faveur des membres de la noblesse;

10°. L'obtention des décorations des ordres du Roi ou des ordres étrangers;

11°. Les présentations à la cour et la signature des contrats de mariage, par le Roi et la famille royale.

12°. Les articles nécrologiques des membres de la noblesse décédés dans le cours de l'année, et dont les services, les vertus ou les talens, mériteront d'être signalés à la reconnaissance ou à l'admiration publique;

13°. Les analyses ou résumés des divers ouvrages ou projets d'utilité publique, qui seront publiés dans le cours de l'année, par des membres de la noblesse;

14°. L'exposé impartial des procès ou causes célèbres qui concernent les familles nobles du royaume;

15°. Des leçons élémentaires de l'Art héraldique : cette science, qui occupe peu de personnes aujourd'hui, doit, cependant, se perpétuer dans la classe des gentilshommes, non pour remplir tous leurs momens, mais, seulement, pour les mettre à même de raisonner sur les principes du blason, attendu que les armoiries sont le signe que le souverain leur a concédé, en récompense de leurs services, et pour les élever au-dessus de la masse commune. Nous ne dirons, à ce sujet, que ce qui sera nécessaire pour faciliter, à MM. les membres de la noblesse, l'intelligence d'un langage qui leur est propre, et qu'ils ne doivent cependant employer qu'en temps opportun. Les armoiries des familles seront mentionnées dans les articles historiques.

Il me semble que de cette manière on arriverait à l'*instruction*, d'une part, et que, de l'autre, on disposerait d'une *publicité*, dont les effets seraient, sans cesse, salutaires à la classe de la noblesse.

Cet ouvrage, sous le titre de *Héraut d'armes de l'ancienne noblesse de France*, paraîtrait les 10, 20 et 30 de chaque mois, sous le format in-8°., et par livraisons composées, chacune, de 50 pages d'impression, ce qui produirait 150 pages par 30 jours, et 1,800 pages, formant 3 volumes, pour l'année.

Le prix de l'abonnement serait de 30 fr. par an, dont on ne paierait que 15 fr. pour les premiers six mois.

Mais une telle entreprise a besoin d'être encouragée et soutenue par l'ancienne noblesse de France; on ne peut y procéder qu'après avoir réuni au moins *mille souscripteurs;* c'est donc à MM. les gentilshommes qu'il appartient de se prononcer; dans cette circonstance, il leur suffira seulement *d'envoyer leur avis de souscription*, et lorsque les mille souscripteurs se seront déclarés, l'administration leur écrira pour faire le versement des 15 fr. du premier semestre.

L'administration recevra, avec reconnaissance, toutes les réflexions, plans ou projets qui lui seront adressés, parce que la réunion de ces divers documens, produira, sans doute, des traits de lumière qui seront utiles pour le cours de l'ouvrage.

MM. les gentilshommes sont également priés de communiquer la présente brochure à MM. les membres de la noblesse de leur arrondissement, et de la faire répandre le plus qu'il leur sera possible. Nous pensons même qu'il serait de la dernière utilité, qu'un d'eux voulût bien se constituer *notre correspondant*, dans sa circonscription, attendu qu'il nous arrivera souvent d'avoir besoin d'être éclairés, sur certains faits, sur certaines localités. Nous recevrons avec plaisir leur lettre d'*adhésion* à cet égard.

Les lettres et paquets devront être adressés, *franc de port*, à M. Bigé, avocat, rue de la Paix, n° 7.

Imprimerie MOREAU, rue Montmartre, n°. 39.

www.ingramcontent.com/pod-product-compliance
Lightning Source LLC
Chambersburg PA
CBHW061710060726
47597CB00006B/2275